digital-fr

CW01483556

COPY & PASTE
TEXT BAUSTEINE

Sexy Werbetexte schreiben Handbuch

inklusive:

- 24 Ideen für hypnotische Überschriften
- 113 Headline Ideen und Beispiele
- 17 verkaufsfördernde Handlungsanweisungen
- 9 STOP-Kommandos & Leseunterbrecher
- 31 ergreifende PS-Zeilen & Call-to-Action´s
- 39 Schlagwörter für Überschriften & Betreffzeilen
- 59 Suggestionen, um Kaufabsichten auszulösen

digital-freaks.de

Disclaimer und Hinweis zum Datenschutz

Haftungsbeschränkung

Die Informationen in diesem Buch wurden mit großer Sorgfalt zusammengestellt. Für die Richtigkeit und Vollständigkeit kann gleichwohl keine Gewähr übernommen werden. Aus diesem Grund ist jegliche Haftung für eventuelle Schäden im Zusammenhang mit der Nutzung des Informationsangebots ausgeschlossen.

Hinweis zum Urheberrecht

Der gesamte Inhalt des Handbuches unterliegt dem Urheberrecht. Unerlaubte Verwendung, Reproduktion oder Wiedergabe des Inhalts oder von Teilen des Inhalts ist untersagt. Alle Rechte werden vorbehalten. Wegen einer Erlaubnis zur Nutzung des Inhalts wenden Sie sich bitte an den Herausgeber.

Hinweis zu externen Links

Für verlinkte Seiten gilt, dass rechtswidrige Inhalte zum Zeitpunkt der Verlinkung nicht erkennbar waren. Die Links werden regelmäßig auf rechtswidrige Inhalte überprüft und bei Rechtsverletzungen unverzüglich entfernt.

Externe Links und Empfehlungen für mehr Erfolg mit Online Marketing:

* Rene Rink, E-Mail Insider – Gratis Buch http://bit.ly/newsletter-insider
* Thomas Klußmann, Taschenbuch für Gründer – Gratis Buch http://bit.ly/gratis-gruender-buch
* Oliver Schmuck, Future Sale, Idealer Einstieg ins Online Marketing für Anfänger http://bit.ly/oli-future-sale

1.Auflage

Originalausgabe

Copyright @ 2019 digital-freaks,

Coverdesign: Dejan Novakovic

Cover Fotos: Fotolia.de

Inhaltsverzeichnis

1. Einleitung „Sexy Werbetexte schreiben"

Obwohl viele Leute scheinbar glauben, dass es einfach ist, einen effektiven Werbetext für das Internet zu schreiben, ist es das leider nicht.

Wenn Sie also sicher gehen wollen, dass Ihre Leser und Kunden verstehen wie Ihre Webseite funktioniert und was Sie für sie tun kann, müssen Sie einen ausgezeichneten Werbetext schreiben.

In diesem Handbuch schauen wir auf die Grundlagen, um gute Werbetexte für das Internet schreiben zu können. Bevor wir jedoch damit beginnen, sollten wir uns einige wichtige Dinge in Erinnerung rufen.

Zunächst einmal lesen die User Ihre Internetseiten nicht in derselben Art und Weise wie gedrucktes Material. Es gibt im Grunde genommen drei verschiedene Charakteristiken, wie Internet-User auf den Inhalt von Webseiten reagieren können.

Wichtig dabei ist, sich daran zu erinnern, dass Web-User aktiv sind, nicht passiv. Wenn sie keinen Grund finden können, auf einer Seite zu verweilen, verlassen sie diese. Manchmal geschieht das sogar schon 10 Sekunden nach dem Aufruf der Seite.

Wenn Ihr Text zu lang ist, ist die Wahrscheinlichkeit gering, dass er gelesen wird. Soll ein User daran glauben was Sie zu sagen haben, müssen Sie in der Lage sein, Ihre Publikation auch durch Bildsprache zu unterstützen. Damit Ihr Werbetext effektiv wird, müssen Sie also diese drei Charakteristiken unbedingt berücksichtigen.

Das wichtigste im Bezug auf Werbetexte im Internet ist es, die psychologischen Grundlagen nie zu unterschätzen. Wenn Sie sich in das Texten einfach so hineinstürzen, wird es nicht funktionieren und Ihre Seite bei weitem nicht so effektiv verkaufen, wie es möglich wäre. Also lesen Sie die folgenden Zeilen aufmerksam durch. Packen wir es an!

2. Internet-Werbetexte vs. Traditionelle Werbetexte

Eine der wichtigsten Gründe, weshalb sich Werbetexte im Internet von traditionellen Werbetexten unterscheiden, ist der, dass die Einstellung der Leser im Internet eine andere ist. Und eine andere Einstellung erfordert eine andere Verkaufspsychologie.

Webseiten werden öfter als angenommen durch eine Suchmaschine gefunden. Das ist sehr wichtig, weil es bedeutet, dass eine Person, die Ihre Seite liest, entweder nach Ihnen oder nach jemandem wie Ihnen gesucht hat.

Das legt die „Kontrolle" in die Hände Ihrer Leser, ganz einfach deshalb, weil diese darauf fokussiert sind, ein spezielles Produkt, eine Dienstleistung oder Information zu finden. Ihre Aufgabe ist es, da zu sein, wenn „sie" suchen, und zwar genau an der Stelle wo „sie" suchen. Ist doch eigentlich ganz einfach, oder?!?

Jeder, der Ihre Webseite zum ersten Mal besucht und diese über eine Suchmaschine gefunden hat, hat einige Fragen dabei im Kopf: „Bin ich hier richtig?" und „Werde ich hier auf dieser Seite auch finden, was ich suche?" Und „Kann ich durch diese Seite endlich meine Aufgabe, mein Problem lösen?" und „Was kostet es mich?".

Es ist für Ihre Seite lebenswichtig, diese Fragen bereits in den Überschriften und Sub- Überschriften zu beantworten. Hören Sie? L-E-B-E-N-S-W-I-C-H-T-I-G !

„Sie müssen sofort sicherstellen, dass diese Verantwortung dem Leser schon beim ersten Besuch abgenommen wird."

Damit dies auch geschieht, muss Ihr Text Antworten darauf bieten, so dass der Leser genau weiß, ob er das Gesuchte gefunden hat.

Ebenfalls sehr wichtig im Bezug auf Werbetexte im Web ist es, Ihren Lesern zu versichern, dass sie auf der richtigen Seite sind und unbedingt weiterlesen sollten.

Doch es darf auch nicht nach Hype klingen, nicht nach „Toll, dass Sie da sind, genau auf Sie haben wir gewartet" und auch nicht nach dem allseits bekannten „Willkommen blabla". Geben Sie sich etwas Mühe. Die User bringen unter Umständen bereits konkrete Kaufabsichten mit.

3. Welche Fragen Sie auf Ihrer Webseite beantworten sollten

Wenn Sie schon beim Planen scheitern, werden Sie wahrscheinlich auch in Ihrem Unterfangen, einen großartigen Werbetext zu schreiben, scheitern.

Um Ihr Ziel zu erreichen, müssen Sie vorher alle wichtigen Informationen zusammentragen. Als erstes sollten Sie die Fragen der Leser Ihrer Seite antizipieren. Normalerweise müssen Sie dem Leser diese vier Fragen im Voraus beantworten.

1. Was mache ich hier eigentlich?
2. Wie löse ich mein Problem?
3. Was springt für mich dabei raus?
4. Welche Seite besuche ich als nächstes?

Wenn das Design und die Navigation Ihrer Seite diese Fragen nicht beantworten kann, sollten Sie andere Seiten nachahmen und Splittests aufbauen, um die Seite nach und nach zu verbessern. Andernfalls stehen Ihre Chancen nicht gut, wirklich hohe Umsätze zu generieren.

„Es ist wichtig, dass die Antworten zu diesen Fragen für all Ihre Leser offensichtlich sind, und nicht nur für jene, die sie persönlich kennen, oder die bereits 10x auf Ihrer Webseite waren."

Bedenken Sie, dass die Hälfte der Besucher nicht daran interessiert ist, die Fragen „auf eigene Faust" herauszufinden, während es der anderen Hälfte im schlimmsten Fall auch nach eigenen Bemühungen nicht gelingt.

Der nächste Schritt beim Planen ist es, sich auf die potentiellen „Kern-Leser" zu fokussieren, auf diese, die Ihnen schreiben, Beiträge kommentieren, einen neuen Thread im Forum eröffnen oder sich anderweitig regelmäßig einbringen.

Sie können niemals „Alle" erreichen. Gehen Sie deshalb sicher, dass Ihr Werbetext Ihre wichtigsten Besucher direkt anspricht. Wenn Sie ein Angebot für alle erstellen, wird es niemandem nutzen. Genauso ist es bei Werbetexten, texten Sie für „Alle", wird es meist niemanden direkt ansprechen, und es entstehen keine Verkäufe.

Verwenden Sie etwas Zeit dafür zu erklären, was Ihre Seite für jene erreichen kann, die zu Ihrem engeren Kreis gehören. Helfen Sie diesen Leuten. Außerdem sind genau diese Leute Ihre Multiplikatoren, wenn alles gut läuft.

Wenn Sie mehr als einen Besuchertyp mit Ihrer Seite ansprechen wollen, versuchen Sie diese auf zwei verschiedene Seiten zu leiten.

Erinnern Sie sich, dass ein Besucher sofort nach anderen Seiten sucht, wenn er meint, dass die momentane Webseite ihm keinen speziellen Wert bietet.

„Wenn Sie dem Leser Fakten bieten, lassen sie diese für sich sprechen."

Es ist wichtig, dass Sie Ihre Beschreibung ansprechend gestalten, aber nicht übertreiben. Viele Besucher verlassen die Seite, wenn sie feststellen, dass auf ihr zu viel Hype im Spiel ist.

Doch Achtung: Sie brauchen aber unbedingt etwas Hype, um Ihren Leser zu begeistern. Es ist wie so oft der Mittelweg, welcher hier empfehlenswert ist. Texten Sie zu trocken, zu allgemein und zu „geradlinig", wird es uninteressant. Der Leser schaltet ab und verlässt die Seite.

Texten Sie jedoch mit zu viel Hype, pushen zu stark im Text und verwenden eine zu blumige und bildhafte Sprache, empfindet der Leser es als unseriös und schaltet ebenfalls ab.

Diese imaginäre Linie liegt natürlich bei jedem Leser woanders, aber ich denke Sie haben verstanden, worauf ich hinaus möchte.

Hype funktioniert in den USA, im Land der „Kritiker und Denker" sollten Sie das ganze jedoch etwas nüchterner, sachlicher und seriöser angehen :)

4. Warum Sie nach der richtigen Zielgruppe fahnden müssen

Es ist lebensnotwendig, dass Sie während der Planungsphase Ihres Werbetextes verstehen UND wissen, was Sie damit erreichen wollen.

Wollen Sie Leads sammeln? Wollen Sie verkaufen? Wollen Sie Affiliates gewinnen? Was genau wollen Sie?

Sie haben ja bereits festgestellt, dass Sie Ihre Verkäufe erhöhen, eine Mailingliste aufbauen, Informationen verteilen aber auch Support anbieten müssen. Um das alles zu tun, müssen Sie sichergehen, dass Ihr Werbetext Ihnen dabei hilft diese Ziele zu erreichen.

„Wichtig ist es zu wissen, wie der ideale Kunde für Sie aussieht, was dieser wirklich will und warum."

Finden Sie anschließend die Wörter, die diese Kunden am liebsten und am meisten in den Suchmaschinen eingeben. Dies sind gleichzeitig meist die Wörter, welche dem Kunden auch am effektivsten auf Ihre Seite ziehen würden, vorausgesetzt Sie benutzen diese Wörter beim Texten.

Bedenken Sie, dass Sie ohne konkreten Plan gar nicht wissen können, wen Sie eigentlich ansprechen. Ohne Ziel werden Sie wahrscheinlich gerade die Leute auslassen, die bereit wären, für Ihre Hilfe und Expertise zu bezahlen.

Wenn Sie Ihren Werbetext planen, beachten Sie, dass Ihre Zielgruppe normalerweise schlauer und informierter ist, als der typische Besucher einer Webseite.

Zielgruppen werden dafür benutzt um herauszufinden, welche Kunden welche Probleme haben, die durch Ihr Produkt gelöst werden können.

Deshalb müssen Sie von jedem Vorteil, den Ihr Produkt bietet, ein Experte werden.

Haben Sie einmal festgestellt, wer Ihre Zielgruppe genau ist, können Sie auch danach suchen. Starten Sie damit sich ein Profil von jenen zu erstellen, die von Ihrem Produkt am meisten profitieren.

„Ich selbst habe eine extrem genaue und detaillierte Vorstellung von meiner idealen Zielgruppe. Und diese versuche ich natürlich permanent anzusprechen."

Sie müssen sich einmal exakt, genau und detailliert mit der „Zielgruppenproblematik" beschäftigen. Das kann Ihnen kaum jemand abnehmen.

„Haben Sie das Thema jedoch geklärt, beginnen Sie damit gute Verkaufstexte als ´geistige Vorlage´ zu nehmen und die besten Vorteile Ihres Produktes als Köder einzubauen."

Sie werden merken, dass diese Verkaufstexte eine deutlich bessere Konversionsrate aufweisen.

Nun haben Sie Ihre Zielgruppe gefunden und müssen eine Strategie für Ihren Verkaufstext entwickeln. Um das zu erreichen, ist der beste Weg dafür folgender:

1.   Im ersten Teil schreiben Sie genau über das, was der Kunde möchte.

2.   Treffen Sie den richtigen „Ton" der Leute, auf die Sie abzielen.

3.   Wenn Sie Ihren Verkaufstext benutzen, ist es wichtig, dass Sie Ihre Ideen Ihrer Zielgruppe auf einfache Art und Weise näherbringen.

4.   Benutzen Sie Storytelling in Ihrem Verkaufstext.

Das Wichtigste ist, dass Sie alle Punkte in gleichen Teilen berücksichtigen, so dass kein Teil den anderen überlagert.

5. So schreiben Sie webfreundliche Verkaufstexte

Um gute Verkaufstexte schreiben zu können, sollten Sie sich zwei Bereiche genauer ansehen. Zum einen den Titel der Seite, zum anderen die META-Wörter.

Beide sind normalerweise das erste, was ein Leser bei einer Sucheingabe für ein bestimmtes Produkt, Information oder Dienstleistung sehen wird.

„Dies gilt jedoch nicht für alle Suchmaschinen, einige davon zeigen die META-Wörter nicht an. Manchmal wird auch nur ein Auszug vom Inhalt Ihrer Webseite eingeblendet."

Tipp: Texten Sie Ihre Meta-Description so wie eine Adwords-Anzeige. Verfügt eine Webseite über diesen Tag, wird dieser meist als Beschreibung im Suchergebnis bei Google angezeigt. Die Überschrift im Suchergebnis bei Google entspricht dem Title-Tag Ihrer Webseite. Wählen Sie also Ihre Meta-Description und den Title-Tag für jede Seite einzeln und integrieren Sie Ihre Hauptkeywords.

Effektive Verkaufstexte können im Internet nur noch erreicht werden, wenn Sie sorgfältig Ihre Keywords und Keyword-Phrasen aussuchen.

Wohin soll der Verkaufstext führen, wenn Sie nicht wissen, wonach Ihre Zielgruppe sucht?

Wenn Sie die richtigen Keywords und Keyword-Phrasen auswählen, haben Sie schon einen wichtigen Schritt für gute Verkaufstexte gemeistert.

Einsatz bewährter Redewendungen und Wörter

Bestimmte Redewendungen und Wörter lassen sich in guten Werbetexten und Headlines immer wieder finden. Ein Aspekt, den (angehende) Infomarketer auf jeden Fall berücksichtigen sollten.

Auch wenn es oftmals schon zu werbemäßig oder abgedroschen klingt, bestimmte Wörter haben einen ganz erheblichen Einfluss auf unser Denken und Handeln und werden daher von Werbetextern immer wieder gern genutzt.

Hier eine Liste beliebter Redewendungen und Wörter in Werbetexten:

Frei, Kostenlos, Gratis, Wie man…, Plötzlich, Jetzt, Ankündigung, Einführung, Nur jetzt…, Jetzt erhältlich, interessante Entwicklung, Unglaublich, Sensationell, Bemerkenswert, Revolutionär, Magisch, Wunderbar, Angebot nur gültig bis…, Schnell, Einfach, Gesucht, Herausforderung, Beratung, Die Wahrheit über…, Das Geheimnis über…, Vergleichen, Schnäppchen, Letzte Chance…, Nur bis…, Inklusive…, Garantie bis…, Exklusiv, Premium, Sofort, Hier klicken, Jetzt bestellen… , Entdecken Sie,…

Wörter, welche den User sich gut fühlen lassen und zum Kauf verführen

Psychologische Studien haben bewiesen, dass bestimmte Wörter dazu beitragen können, Menschen zu motivieren, etwas zu kaufen. Der grundlegende Faktor scheint dabei immer die Autosuggestion zu sein.

Wenn Menschen nett angesprochen werden oder zu sich nett sprechen und einen positiven inneren Dialog hegen, fühlen sie sich besser. Und wer sich besser fühlt, kauft eher. Da beim Lesen, egal welcher Texte und welcher Qualität oder Quantität, der Leser innerlich immer mitspricht, wirken die Gesetzte der Autosuggestion.

Dies machen sich professionelle Mediengestalter, Werbetexter oder Designer weltweit beim Einsatz beliebiger Werbemittel zu nutze. Hier eine Liste von Wörtern, welche laut verschiedener Studien dabei helfen können, Menschen in Kaufstimmung zu versetzen:

Liebe, Sicher, Neu, Zugabe, Richtig, Du, Sie, Ihr, Alternative, Sicherheit, Verkauf, Jetzt, Wert, Spaß, Sichern, Gewinnen, Geld, Fröhlich, Rat, Wie Sie…, Wie man…, leicht, Leichtigkeit, Dein, Gesund, Garantie, garantiert, Stolz, Erprobt, Entdeckung, Magisch, Geheimnis, Natürlich, komfortabel, Lösung, Gemeinsam, Hilfe, Stärke, Vorteil, Erfolg.

Selbstverständlich können auch alle Wörter kombiniert und variiert werden. Doch vor dem Werbetexten ist es natürlich wichtig zu wissen, wie der Text grundlegend aufgebaut wird bzw. das Infoprodukt an für sich "ausgerichtet" ist.

Die folgende Liste ist eine über Jahrzehnte zusammengetragene Aufstellung von Faktoren, was Kunden wichtig ist, gesammelt und zusammengestellt von Direct Mail

„Hall-of-Fame" Award-Gewinner Ed Mayer (der Wichtigkeit nach sortiert):

Was Kunden wirklich wichtig ist

1. Geld machen
2. Geld sparen
3. Zeit sparen
4. Anstrengungen vermeiden / wohl fühlen
5. mehr Komfort erreichen / Komfort erhöhen
6. mehr Sauberkeit
7. bessere Gesundheit erreichen/Fitness
8. physische Schmerzen verringern oder vermeiden
9. Lob und Anerkennung/glücklich sein
10. Populär sein/geschätzt werden
11. anziehend auf das andere Geschlecht wirken
12. Erhaltung des Eigentums
13. mehr genießen und entspannen
14. Neugier befriedigen/Spaß haben
15. Sicherheit für die Familie
16. Appetit befriedigen/Impulse befriedigen
17. Kritik vermeiden/Ärger vermeiden
18. Individuelle Entwicklung/Persönlichkeitsentfaltung
19. Sicherheit haben/Reputation sichern
20. Alles was die Arbeit leichter macht

Drucken Sie sich diese Liste aus und recherchieren Sie nach erfolgreichen Informationsprodukten, schauen Sie sich bei Amazon um und analysieren Sie die Informationsprodukte erfolgreicher Infomarketer.

Wahrscheinlich werden die meisten Produkte die ersten 5 Punkte dieser Liste bedienen. Bitte vergegenwärtigen Sie sich die Pawlowsche Bedürfnispyramide.

Die Grundbedürfnisse sind in unserer heutigen Informationsgesellschaft in Deutschland weitestgehend abgedeckt. Doch was sind die nächsten Stufen?

Vergleichen Sie diese mit der obenstehenden Liste und überlegen Sie dann erneut, welche Informationsprodukte Sie verkaufen möchten und vor allem wie Sie Ihre Werbe- und Verkaufstexte aufbereiten sollten.

6. Keywords, Keywords, Keywords

Suchmaschinen sind im Internet das wichtigste Werkzeug, um neue Besucher auf eine Seite zu bekommen. Viele Leute die noch nie von Ihrer Seite gehört haben, werden eine Suchmaschine benutzen, um Ihre Seite oder eine ähnliche zu finden.

Leider funktionieren Suchmaschinen nicht psychisch oder intuitiv. Sie werden nicht das finden wonach die Leute suchen, sondern eher das wonach sie fragen. Aber wie finden Sie heraus, wonach die Leute suchen?

„Es gibt eine Reihe von Wegen, wie Sie sich in Bezug auf die Suchgewohnheiten Ihrer User einen Vorteil verschaffen können."

Zahlreiche effektive Programme sind dafür im Internet vorhanden, um beispielsweise herauszufinden, was, wo, wann und wie oft in welcher Suchmaschine eingegeben wurde. Diese Informationen sind zudem kostenlos und ermöglichen Ihnen einen nicht unerheblichen Wettbewerbsvorteil gegenüber Menschen, welche diese Informationen nicht haben.

Eines dieser Programme, welches jedoch oft oberflächlich oder sogar falsch angewendet wird, ist das „Keyword External Tool" von Google:

https://adwords.google.de/select/KeywordToolExternal

Sie können dieses Programm jederzeit kostenlos nutzen. Es gibt Ihnen Feedback über die Relation der Keywords zu deren Suchanfragen, über die Suchhäufigkeiten aller User zu beliebigen Keywords bei Google, zu Suchtrends, Suchtreffern, Klickpreise bei Adwords, Mitbewerberdichte und vieles mehr.

Sie können sogar beliebige Konkurrenzseiten in Sachen Keywords völlig „auseinander nehmen" und sehen exakt, zu welchen Keywords der verantwortliche Webmaster diese Webseite optimiert hat.

Das Tool macht auch Vorschläge im Vergleich zu anderen Keywords. So können Sie wichtige Keywords oder Webseiten mit den entsprechenden Keywords gegeneinander testen.

Daraufhin bekommen Sie angezeigt, wie viel Leute nach einer bestimmten Phrase suchen und wie viel Wettbewerber mit diesem Keyword vorhanden sind.

Wenn Sie also die Phrasen und Keywords in Ihrem Verkaufstext nutzen, welche das meiste Interesse in Verbindung mit dem geringsten Wettbewerb haben, wird es Ihre Webseite in den Suchmaschinen sehr viel leichter haben, hoch zu ranken.

Zudem werden Sie Ihre einzelnen keywordoptimier-ten Seiten für die Googlespider empfänglicher machen.

Werden diese Keywords dann von Leuten eingegeben, die nach einem speziellen Produkt suchen, sollte Ihre Seite eine der ersten sein, die in den Suchergebnissen angezeigt wird.

Tipp: Eine hervorragende SEO Anleitung mit tollen Tipps und Praxisbeispielen gibt es von Jonas Weber, der SEO Coach, Ex-Google Mitarbeiter mit über 10 Jahre SEO Erfahrung.

Inhaltsverzeichnis aus „SEO Master"

» Zielgruppe des SEO Kurses „SEO Master Checklist"

» „SEO Master Checklist" – Übersicht

» Kurs-Modul 1: Technisches Setup, Tools & Strategie

» Kurs-Modul 2: Onpage SEO Optimierung

» Kurs-Modul 3: Qualitative Content Optimierung

» Kurs-Modul 4: Online Reputation & Link-Marketing

» Methodik – Wissen direkt im SEO Kurs umsetzen

» Kursleiter – Inside Google Expertenwissen

» Referenzen – Kurs-Teilnehmer

» Feedback früherer Kurs-Teilnehmer

» Anmeldung & Preise: Online SEO Kurs

Zum Kurs: http://bit.ly/jonas-seo

Die beste Zeit um nach Keywords zu suchen, ist jene, in der Sie Ihre Seite zum ersten Mal zusammenbauen. Je länger Sie damit warten, desto mehr Aufwand werden Sie im Nachhinein haben! Nehmen Sie sich daher die Zeit.

„Es ist wichtig sich daran zu erinnern, dass wenn Sie nicht untersucht haben, was Ihre Kunden wollen, Sie sich einem nicht unerheblichen Wettbewerbsnachteil aussetzen."

Außerdem... Ihre Konkurrenz schläft nicht...

7. 24 Richtlinien für verkaufsstarke Werbetexte

Sie beabsichtigen sicher, mit Ihrer Webseite Besucher anzuziehen und diese möglichst oft wieder auf die eigenen Seiten zu leiten.

Genau dafür gibt es eine Reihe von Dingen, die Sie beim Schreiben Ihres Verkaufstextes beachten müssen.

„Halten Sie Ihren Verkaufstext kurz und einfach."

Sie sollten sich daran erinnern, dass ein Besucher nur die ersten ein bis zwei Zeilen der Überschriften lesen wird, bevor er in den Text tiefer einsteigt.

Je länger Ihr Text also ist, umso weniger wird er gelesen werden. Erstellen Sie keine langen Texte an den Stellen, wo Besucher keine langen Texte erwarten.

Gestalten Sie Ihren Verkaufstext einfach. Das ist genauso bedeutsam wie die Frage der Länge. Es ist wichtig, dass Ihre Besucher diesen Text schon beim ersten lesen verstehen. Sie nehmen sich einfach nicht die Zeit darüber nachzudenken, was Sie geschrieben haben oder zum Ausdruck bringen wollten. Es ist ihnen egal.

In den meisten Fällen sollten Sie in der Lage sein, eine Grundidee in ein bis zwei Zeilen vermitteln zu können. Wenn Sie dazu mehr schreiben müssen, ruinieren Sie sich möglicherweise die Chancen, Ihre erste Idee so darzustellen, dass sie auch bei Ihren Lesern geistig ankommt.

„Für den Fall, dass Ihre Leser weitere Informationen möchten, erstellen Sie im Vorfeld eine ausführliche Informationsseite, allerdings auch wieder mit Verkaufstexten und der Absicht zu verkaufen."

Sie können dafür einen Link innerhalb Ihrer Seite bereitstellen, hinter welchem sich die entsprechende Seite verbirgt, auf welcher der Leser die weiterführenden Informationen erhält.

Was ist, wenn Sie trotzdem einen langen Verkaufstext schreiben müssen?

Wenn Sie einen längeren Verkaufstext verwenden müssen, organisieren Sie ihn in kleine Abschnitte. Denn selbst wenn es Ihre Leser erwarten, einen langen Text angezeigt zu bekommen, mögen Sie ihn vielleicht nicht lesen.

Um den Lesern jedoch dabei zu helfen, unterteilen Sie jeden neuen Abschnitt Ihrer Verkaufsseite in separate Absätze. Bieten Sie den Lesern nützliche Überschriften, Sub- Überschriften und Auflistungen in Punktform (Bullets) an.

Letzteres ist eine großartige Möglichkeit, den Lesern tolle Informationen zu präsentieren, welche sie sonst vielleicht nicht lesen würden.

Schreiben Sie Ihren Verkaufstext auf eine Art und Weise, die es Ihren Lesern ermöglicht, diesen zu überfliegen und sich die Punkte aussuchen zu können, die ihm auch wirklich interessieren. Hinterlassen Sie keine „Blei- und Textwüsten".

Obwohl Ihr längerer Verkaufstext nicht so direkt sein muss, wie ein kurzer, sollte er sich trotzdem einfach lesen lassen. Sie werden feststellen, dass die Besucher, die Schwierigkeiten haben Ihren Text zu verstehen, auch sofort mit dem Lesen aufhören.

„Bringen Sie Leben in Ihren Verkaufstext."

Halten Sie Ihren Verkaufstext klar und schreiben Sie ihn lebhaft und bildhaft.

Sie sollten ihn auch in einem leichten, motivierenden Ton verfassen. Wenn das was Sie geschrieben haben, langweilig und langatmig erscheint, wird sich dieses Gefühl auf Ihren Leser übertragen, und das, was Sie versuchen ihm zu vermitteln, wird ihn nicht erreichen.

Benutzen Sie auch einen einheitlichen, konsequenten

Ton in Ihrem Verkaufstext. Genau das werden Ihre Leser wahrscheinlich am schnellsten bemerken und bringt Ihnen Vertrauen. Je vertrauter Ihre Seite oder Ihr Thema den Lesern ist, umso effektiver wird die Verkaufsseite sein.

Damit Sie jedoch auch wissen, welche grundlegenden Textermethoden es gibt, fasse ich Ihnen hier die nach meiner Auffassung 24 wichtigsten Richtlinien für Werbetexte, speziell für Überschriften zusammen.

24 Richtlinien für Überschriften in Werbe- und Verkaufstexten

1. Mit diesen Worten anfangen

*   Endlich!
*   Ankündigung!
*   Neu!

2. Das Publikum ansprechen

*   Webmaster…

- Handwerker...
- Hausfrauen...

3. Nutzen versprechen

- Bezahlen Sie ein Shirt – erhalten Sie das zweite gratis!
- Finden Sie einen neuen Job in 2 Tagen!
- Frei von Rückenschmerzen in 10 Minuten!

4. Im News-Stil schreiben

- Neue Formel für graues Haar
- Die Geheimnisse der Natur entschlüsselt
- Durchbruch in der Pharma-Medizin

5. Kostenlose Dinge anbieten

- Für Webmaster gratis!
- Gratis Report über das Segelfliegen!
- Kostenloser Leitfaden zeigt Steueroasen!

6. Faszinierende Frage stellen

- Was sind die 7 Geheimnisse des Erfolgs?
- Machen Sie auch diese Fehler bei der Kundenakquise?
- Welche Wirkung haben Farben auf Ihre Motivation wirklich?

7. Mit einer Kundenmeinung beginnen

- „Dies ist das Beste, was ich je gesehen habe." — Max Muster
- „Sehr empfehlenswertes Buch für erfolgshungrige Menschen." — John Doe
- „Eine der besten Versicherungen am Markt." — Bianca Nolte

8. Eine „How To…" Headline benutzen

- Wie man Freunde und einflussreiche Menschen gewinnt
- Wie man beim Verkaufsgespräch Kunden überzeugt
- Wie man Tonnen von hochwertigen Traffic auf die eigenen Seiten leitet

9. Quizfrage stellen

- Wie smart sind Sie? Hier zum Quiz und testen!

- Wie hoch ist Ihr Internet-IQ?
- Sind Sie qualifiziert für eine Beförderung?

10. Wörter wie „Diese" und „Warum" nutzen und mit Ironie versehen

- Dieses Boot wird niemals sinken!
- Warum unsere Produkte mehr kosten.
- Warum unserer Duft „Womanizer" genannt wird.

11. Eine Headline mit „ich" und „meine" erstellen

- Überall wo ich meine Nase reinsteckte, verdiente ich Geld.
- Endlich entdeckte ich das Geheimnis des Forellen-angelns.
- Sie lachten als ich mich ans Piano setzte – aber sie waren still, als ich anfing zu spielen.

12. Produktname in die Headline integrieren

- Wie ABC-Vitamine Sportlern das Leben erleich-tern.
- Wie ein Dell-Computer mir einen neuen Job bei Dell verschaffte.
- Warum Nokia meine Telefonrechnung halbierte

13. Die Wörter „Suche" oder „Biete" benutzen

- Suche nervöse, deprimierte Menschen.
- Suche Führungskräfte, welche an hohen Gewinnen interessiert sind.
- Biete Entspannung für Muskeln, Rücken und Becken.

14. Wörter wie „Durchbruch" oder „Rekord" in die Headline einbauen

- Durchbruch bei Sicherheits-Alarm-Systemen.
- Arzt erzielt neue Rekordzeit bei Migräne-Behandlung.
- Neue Entdeckung in der Anti-Age-Medizin.

15. Merkmale des Angebotes in die Headline übernehmen

- Beliebtestes Buch im Mai - jetzt mit 20% Rabatt.
- Buchen Sie 6 Monate – Nutzen Sie 12 Monate.
- Special-Video + Bonus DVD -15% Rabatt.

16. Fragen im „Wer sonst noch…" Stil stellen

- Wer sonst noch möchte ein Kalender selber gestalten und den Lieben schenken?
- Wer sonst noch braucht weitere Ideen, wie man sein Auto selbst repariert?
- Wer sonst noch glaubt, dass man bei Versicherungen viel Geld sparen kann?

17. Garantie fokussieren und/oder herausstellen

- 90 Tage „Ohne-Fragen" Geld zurück Garantie!
- Geld-zurück - „und wir bleiben Freunde" - Garantie!
- Ohne-wenn-und-Aber: 30 Tage Ansichts-Garantie!

18. Eine Schwäche zugeben und geschickt "übertreiben"

- Wir sind die Nummer 2. Wir arbeiten härter!
- Hier finden Sie alles außer Salate!
- Wir haben keine Ahnung von Bademoden aber von Versicherungen.

19. Positives und zeitliches Ende in der Headline fokussieren

- Weißere Zähne in 10 Tagen
- 30 Pfund schlanker in 14 Tagen
- Wie Sie in 21 Tagen programmieren lernen

20. Den Leser warnen

- Warnung an alle Studenten!
- Achtung: Benutzen Ihre Kinder das richtige Spielzeug?
- Vorsicht: Mittelständler und Selbstständige aufgepasst…

21. Leicht & Easy

- Gesunde Ernährung leichtgemacht!
- Wie Sie mit Leichtigkeit Ihren Traumjob finden!
- 7 einfache Schritte handwerklich begabt zu werden.

22. Nutzen dramatisieren

- Wie Sie mit Lichtgeschwindigkeit Ihre neue Grafikkarte einbauen.

- Hören Sie auf wie eine Ölsardine zu schlafen – Jetzt schlafen wie ein König!
- Wie Sie Tonnen von Neukunden binnen weniger Tage finden!

23. Gründe geben

- 3 Gründe, warum Sie ein Buch schreiben sollten.
- 7 Gründe, warum Sie Ihren Doktor heute noch anrufen sollten.
- 11 gute Gründe, warum Sie eine Buchhaltungssoftware für zu Hause brauchen.

24. Alles kombinieren!

- Kombinieren Sie die verschiedenen Varianten von Headlines untereinander.
- Lesen Sie regelmäßig die Headlines großer Tageszeitungen und Magazine.
- Testen! Testen! Testen!

8. Die Geheimnisse spannender Verkaufstexte

Es ist sehr leicht, ein wenig schlampig im Umgang mit dem Vokabular und dem Look der eigenen Seite zu werden. Es kann Ihnen leicht passieren, dass Sie in den Worten und Phrasen, die Sie benutzen um ein Produkt, Tool oder Feature zu beschreiben, textlich unbeständig werden.

Deshalb müssen Sie sich regelmäßig durch Ihre eigene Seite lesen, um sicher zu gehen, dass Ihre Worte und Phrasen im Text auch einheitlich sind. Ich selbst lese große Teile meiner Webseite und meiner Verkaufsseiten jede Woche aufs Neue durch.

Achten Sie auch immer auf die Rechtschreibung, Grammatik und die Formatierung in jedem Ihrer Verkaufstexte.

„Ein großer Aufwand bei Verkaufstexten kann schon durch einfache Rechtschreib- und Grammatikfehler zerstört werden."

Benutzen Sie Rechtschreibprogramme und Wörterbücher um sicher zu stellen, dass alles richtig geschrieben ist und sich flüssig liest. Das spart Ihnen später viel Zeit.

**Versuchen Sie Ausrufezeichen oder komplett großge-
schriebene Wörter zu vermeiden. Benutzen Sie fette o-
der farbige Schriftarten nur, um wichtige Stellen zu be-
tonen.**

Ein anderer wichtiger Punkt wäre, ein Verständnis für
geschriebene Sprache zu entwickeln. Um Verkaufstexte
zu schreiben, ist eine etwas andere Form nötig als in Ar-
tikeln, Newslettern, Essays, Pressemeldungen oder Re-
porten.

Die Sprache und die Ausdrücke, die Sie dafür benutzen, müssen Ihren Lesern das Denken abnehmen. Es ist
außerordentlich wichtig, dass Sie diese Sprache verstehen, um zu wissen, wie sie das Kaufverhalten der Leute
beeinflusst.

„Am schnellsten lernen Sie dies, indem Sie Dutzende
von Verkaufsseiten durchlesen."

Wenn Sie meinen einen roten Faden erkannt haben,
sind Sie auf dem richtigen Weg. Lesen Sie jetzt mindes-
tens noch 20-30 Verkaufsseiten komplett durch.

Genauso wichtig ist es zu wissen, welche Wörter einen
starken und welche einen schwachen Einfluss haben und
welche um jeden Preis vermieden werden sollten (siehe
Liste weiter oben).

Es gibt viele Wege, eine Seite ansprechender zu gestalten ohne dafür auf Grafiken oder animierte Bilder zurückgreifen zu müssen.

1. Durch das Formatieren von Texten können Sie große „Informationsstücke" sauber gliedern und aufteilen. Benutzen Sie wo immer es möglich ist Punktformen, Aufzählungen, fette Schriftformatierungen sowie farbigen oder kursiven Text, um die wichtigsten Informationen hervorzuheben.

2. Teilen Sie Ihre Absätze in leicht verdauliche Informationsstücke auf. Das hilft Ihnen dabei, den Inhalt hervorzuheben und wichtigen Fakten oder Abschnitten mehr Bedeutung zu verleihen.

3. Vermeiden Sie zwei Leerzeilen nach einem Absatz. Das spart nicht nur Zeit, sondern auch Platz. Zwei Leerzeilen nutzt man in der Regel nur vor neuen Zwischenüberschriften.

Wenn Sie einen langen Verkaufstext schreiben müssen, beachten Sie zusätzlich die folgenden Formatierungsregeln:

1. Gestalten Sie die Spaltenbreite nicht zu breit, um einen besseren Lesefluss zu erzeugen. Das menschliche Auge empfindet es als schwieriger von dem Ende einer Zeile zur nächsten zu springen, wenn die Spalten zu breit

sind. 60-80 Zeichen pro Zeile mit Schriftgröße 12 sind eine gute Orientierung.

2.   Benutzen Sie viele Sub-Überschriften. Das hilft dem Leser, Ihre Seite erst zu überfliegen, bevor er den ganzen Text liest. Diese Sub-Überschriften sollten Ihren Leser auch die Kernaussagen vor Augen halten.

3.   Rücken Sie die Kernaussagen Ihres Verkaufstextes ein. Dies führt da zur Betonung wo sie gebraucht wird. Nutzen Sie sogenannte „Bullets" (Aufzählungen).

„Je länger Ihr Verkaufstext auf einer Webseite wird, umso wichtiger werden Sub-Überschriften und Einrückungen."

Wie Sie sehen können, ist die richtige Formatierung für Ihre Verkaufstexte von essentieller Bedeutung. Natürlich können Sie die Formatierungstipps auch für Ihre Fachartikel oder Ebooks verwenden.

Achten Sie auf die Formatierung in diesem Ebook und den anderen Handbüchern. Die wichtigsten Stellen sind markiert, anders formatiert, als Zitat gesetzt, farbig oder in Form von Aufzählungen zusammengefasst. Und obwohl kaum Bilder verwendet wurden, ist der Text flüssig und angenehm zu lesen.

9. Wie Sie potentielle Kunden zum Kauf motivieren

Die Startseite jeder Webseite ist die Schlüsselseite, besonders wenn Sie auf dieser Ihre Leser dazu bringen wollen, bestimmte Handlungen auszuführen, wie zum Beispiel etwas zu kaufen oder sich in eine Mailingliste einzutragen.

Eine der Möglichkeiten ein „Verkaufs-Momentum" auf der eigenen Webseite aufzubauen und dadurch die Menge der Leute zu vergrößern, die Ihre Produkte kaufen, ist es, eine Dringlichkeit und Verknappung aufzubauen.

Es gibt viele Wege, diese Dringlichkeit zu kreieren. Nachfolgend einige Ideen:

1.   Bieten Sie Ihren Lesern ein zeitlich begrenztes Angebot an.

2.   Bieten Sie eine limitierte Stückzahl eines Ihrer Produkte an.

3.   Bieten Sie saisonabhängige Specials an.

4. Bieten Sie Ihren Lesern ein kostenloses Geschenk/Freebie an, wenn sie sich in Ihre Mailingliste einschreiben oder ein bestimmtes Produkt kaufen.

5. Tagesangebote sind ebenfalls eine großartige Möglichkeit, neue Kunden zu gewinnen.

6. Kreieren Sie Sonderangebote, zeitlich begrenzt, mengenmäßig begrenzt, an eine Aktion geknüpft, nur für die ersten 50 Käufer etc.

7. Erstellen Sie Bundles, welche unwiderstehlich sind und bei welchen es den Usern kaum noch möglich ist, das Angebot auszuschlagen.

8. Verschenken Sie eine „Lightversion" Ihres Produktes mit der Option, das Produkt mit einem bestimmten Rabatt innerhalb von 14 Tagen zu kaufen.

9. Motivieren Sie Ihre Leser, an Umfragen teilzunehmen bzw. Ihnen eine Kundenmeinung zu schreiben, welche Sie auf Ihrer Verkaufsseite verwenden dürfen. Im Gegenzug geben Sie dem User einen beliebigen Rabatt auf ein beliebiges Produkt, einlösbar bis zum Tag „x".

10. Kreieren Sie Treueaktionen und Dankeschön-Aktionen für bestehende Kunden oder Neukunden und schenken Sie ihnen zeitlich begrenzte Gutscheine oder

Rabattscheine.

Ich möchte Sie jedoch darauf hinweisen, dass Sie dabei auch eine gewisse Vorsicht an den Tag legen sollten. Es ist wichtig, dass Sie dabei glaubwürdig und ehrlich zu Ihren Besuchern sind.

Wenn Sie also ankündigen, dass ein bestimmtes Angebot zu einem bestimmten Tag oder einer bestimmten Zeit ausläuft, dann sollte es das auch, und zwar unbedingt!

Stellen Sie sich vor, wie schlecht es aussehen würde, wenn jemand an einem anderen Tag Ihre Seite erneut besucht und dasselbe Angebot noch immer gilt. Ich glaube Sie können mir zustimmen, dass sich der Besucher dann in die Irre geleitet fühlt.

Andererseits können Sie ein starkes psychologisches Druckmittel aufbauen. Wenn Ihre Kunden merken, dass Sie mit der Verknappung „ernst machen", werden sie in Zukunft schneller entscheiden und eher kaufen, denn die Angst wird wachsen, die Produkte nicht zu erhalten.

Im Idealfall fragen sich die User nicht mehr „Soll ich kaufen oder nicht?" sondern

„Wie bekomme ich überhaupt noch eines der wenigen Produkte?"

Es gibt auch noch andere Wege, um eine Dringlichkeit auf Ihrer Webseite auszulösen. Sie könnten eine Seite mit Preisen anzeigen, welche Sie zu artverwandten Produkten im Internet gefunden haben - einschließlich Ihres viel günstigeren Preises. Denn vergleichende Werbung ist erlaubt.

Mit dieser Methode verwenden Sie weder ein Zeitlimit noch eine Mengenbegrenzung für Ihr Produkt. Aber mit der Variante des Preisvergleiches implizieren Sie, dass die Preise für Ihr Produkt sehr günstig sind und Sie diesen jederzeit anheben könnten.

Die grundlegende Idee all dieser Methoden ist es, die Leute zum Handeln zu bewegen. So das all jene, die sonst nur auf der Couch sitzen, auch wirklich in die Aktion gehen und diesen wichtigen Kauf tätigen.

Alles in allem können Sie mit Dringlichkeit nur solange verkaufen, solange Sie es mit Integrität tun. Anderweitig richten Sie damit mehr Schaden als Nutzen an. Das heißt, wenn Sie eine Verknappung nach der anderen auslösen, werden die User sich so unter Druck gesetzt fühlen, dass sie sich unwohl fühlen und Ihre Seite überhaupt nicht mehr nutzen. Sie verbinden Ihre Seite mit schlechten Gefühlen, und das ist definitiv das Schlechteste was Ihnen passieren könnte. Sorgen Sie immer dafür, dass sich Ihre Besucher aufgehoben, verstanden und wohl fühlen.

10. Wie Sie mit emotionalen Überschriften die Aufmerksamkeit Ihrer Leser fesseln

Wie schreibt man eine emotionale Überschrift? Nun, das ist wirklich recht einfach. Was Sie hier tun müssen, ist weniger Zeit damit zu verbringen, wie Sie sie schreiben wollen und mehr Zeit dafür verwenden, was Sie damit sagen wollen.

Selbst wenn Sie das Falsche schön ausdrücken, bringt es Ihnen keine Verkäufe. Wenn Sie etwas Richtiges schwach ausdrücken, bringt es ihnen langfristig gesehen mehr.

„Drücken Sie das Richtige richtig aus und Sie werden richtig gute Umsätze generieren."

Leider sind heutzutage viele Werbetexter zu sehr darauf bedacht, Ihrem Ego freien Lauf zu lassen. Das sind vom Typ her jene, die allen zeigen wollen, welch wundervoll talentierte Werbetexter sie sind.

Deshalb ist es für Sie wichtig, Ihr Ego zurück zustellen und Zeit dafür aufzubringen, was Sie mit Ihrer Überschrift eigentlich ausdrücken wollen.

Wie finden Sie heraus, was Sie sagen wollen?

Es ist wichtiger, dass Sie Ihre Überlegungen beim Texten auf die Begierden und Bedürfnisse Ihrer Zielgruppe fokussieren, als auf das Produkt oder die Dienstleistung die Sie verkaufen möchten.

Anders gesagt: Sie sollten nicht die Bohrmaschine, sondern das Loch in der Wand verkaufen, mit welcher Hilfe man ein Bild seiner Liebsten aus dem letzten gemeinsamen Traumurlaub in der Karibik aufhängen kann.

Außerdem, warum sollten Sie hunderte Wörter verwenden, wenn auch ein bis zwei Wörter Ihren Zweck erfüllen?

„Ihre Überschrift sollte zutiefst einnehmend und interessant sein, so dass sie jene die auf Ihre Seite kommen, wirklich anregt. Sie sollte Ihre Leser aufspringen und „JA" zu Ihrem Angebot sagen lassen."

Wenn Sie Ihren Verkaufstext schreiben, ist es wichtig, dass die Überschrift am Beginn den Ton Ihrer ganzen Webseite wiedergibt. Es ist der mächtigste Text auf jeder Webseite.

Und egal wie oft Sie die Hauptüberschrift schreiben und umschreiben, Sie sollten Sie testen. Die beste Art das zu tun ist, die beste Überschrift, die Ihnen einfällt, gleich zu notieren, und dann einige Alternativen aufzuschreiben.

Denken Sie daran, die Überschrift ist auf jeder Webseite dafür gedacht, die Aufmerksamkeit und das Interesse der Besucher einzunehmen.

Wenn Sie all dies berücksichtigen sowie die 24 Richtlinien für Überschriften nutzen, werden Sie mit der Zeit großartige Überschriften und Verkaufstexte schreiben lernen, ohne dass Sie eine Texterausbildung hinter sich haben.

11. Grundlegende Formatierungen bei Textlinks

In den frühen Tagen des Internets wurden alle Textlinks blau und unterstrichen angezeigt. Das gilt sogar heute noch. Schauen Sie sich einfach einmal bei Google oder eBay um, all deren Links sind blau und unterstrichen oder werden unterstrichen sobald man die Maus darüber platziert.

Aber wieso erzähle Ich Ihnen das eigentlich? Wenn Besucher zum ersten Mal auf Ihre Seite kommen, erwarten sie von Ihnen, dass Ihre Links genauso aussehen.

Das ist wichtig, damit Ihre Besucher sofort wissen, wie Ihre Seite funktioniert und sich nicht großartig umgewöhnen müssen.

„Es ist allgemein eine gute Idee, die Standard-Formatierungen der großen Webseiten und Portale beizubehalten bzw. zu übernehmen. Die User kennen diese bereits und sind daran gewöhnt."

Ein weiterer Schritt beim Erstellen von Texten ist es, für Ihre Besucher festzulegen, wie Ihre Links aussehen. Wenn diese dem Standard entsprechen, also blau und unterstrichen sind, brauchen Sie sich keine Sorgen zu machen, da jeder Leser sofort weiß, dass es sich um einen Link handelt.

Das ist Usability: die Logik von Zeichen, Formatierungen und Anordnungen.

Wenn Ihre Links jedoch orange und unterstrichen sind, benötigt jeder Leser erst ein wenig Zeit um zu erkennen, dass es ein Link ist. Wenn er nur orange und ohne Unterstreichung ist, braucht er dafür noch länger.

Leider gibt es heute zu viele Seiten, die keinen einheitlichen Standard für das Aussehen von Textlinks nutzen. Einige davon sind unterstrichen, andere nicht, einige blau und andere orange.

Manche sogar fett. Nutzen Sie immer die Formatierungen, die die meisten User am meisten gewohnt sind. Gehen Sie dazu auf die größten Portale und Webseiten im Internet und schauen Sie sich die Formatierungen und die Usability im Allgemeinen an.

Wenn Sie Ihren Besuchern nicht den Standard „anbieten", bürden Sie diese unnötigen Mühen und Zeit auf. Das macht es ihm sehr viel schwerer, das zu bekommen, was er will und was er sucht. Und das führt für Sie persönlich zu weniger Umsätzen. Dazu kommt noch, dass das Interesse der Leute zu einem Thema schnell verschwinden kann. Sie müssen daher Wege finden, den „Verlust der Aufmerksamkeit" zu minimieren und die Konzentration auf Ihren Text zu maximieren.

12. Warum Anfang und Ende eines Textes die größte Bedeutung haben

Wenn Sie Verkaufstexte schreiben, ist es wichtig, dass Sie vom Anfang bis zum Ende positiv sind. Leute wollen nicht noch mehr schlechte Emotionen und unerreichbare Ziele. Sie geben kein Geld aus, um sich schlecht zu fühlen. Sie geben Geld aus, um sich gut oder zumindest besser zu fühlen.

Sie müssen am Anfang die Aufmerksamkeit Ihrer Leser gewinnen und sie am Ende nach „Mehr" schreien lassen. Verwenden Sie dafür das Beste Ihres Textes am Anfang und am Ende, denn viele Leute lesen den Anfang und springen dann zum Ende des Verkaufstextes, um die PS-Zeilen zu lesen oder den Preis zu erfahren.

„Wenn Sie ein schwaches Ende bieten, werden Ihre Leser enttäuscht weiter surfen. Schlimmer noch, sie werden bis dahin vergessen haben, wie gut doch der Anfang war und auch den guten Teil, der eventuell danach folgte."

Alles woran sie sich noch erinnern werden, ist wie enttäuschend doch das Ende war. Dieses Phänomen werden Sie oft in der Gesellschaft wieder finden, denn das „letzte" bleibt hängen. Denken Sie an all die Kinofilme...

Tipp: Nutzen Sie diesen Effekt bei all Ihren Fachartikeln, Ebooks, Videos, Verkaufsseiten, Landingpages, Signaturen, Pressemeldungen, Emails, Autorespondern, Podcasts, News, Blogposts oder was auch immer. Das „Letzte" bleibt hängen!

Ist es Ihnen nicht auch schon mal passiert, dass Sie mit jemanden über einen Film gesprochen haben und alles was ihr Gegenüber dazu zu sagen hatte, war: „Das Ende war schlecht."?

Ich glaube Sie verstehen jetzt die Wichtigkeit dieses Absatzes ein wenig tiefer.

Aber wie können Sie das in Ihrem Verkaufstext positiv anwenden?

Sie sollten Ihre Webseite als Geschichte, Show, oder als Konzert ansehen, das Sie aufführen. Denken Sie über deren Struktur nach und über jede Botschaft, die Sie darin platzieren, um dieses sehr wichtige und starke Ende zu erreichen.

Der „letzte" Eindruck bleibt hängen. Sorgen Sie dafür, dass es der Richtige ist!

13. Zusammenfassung

Abseits der Grundlagen für gutes Schreiben, tadelloser Rechtschreibung, guter Grammatik und Zeichensetzung, werden Sie beim Schreiben von Verkaufstexten einen langen Lernweg gehen müssen.

Das Wichtigste, um einen guten Verkaufstext für das Internet schreiben zu können, ist die Aufmerksamkeit der Leser einzunehmen, zu bündeln und am Ende Ihr Ziel - eine Handlung - zu erreichen.

Diese Handlung kann ein Kauf, eine Anfrage eines Lesers oder eine Anmeldung zu Ihrem Newsletter sein.

Der Hauptfokus bei Ihren Verkaufstexten sollte auf folgenden Punkten liegen:

1. Halten Sie ihn kurz und spontan.
2. Informieren Sie, aber freundlich.
3. Schreiben Sie leidenschaftlich, aber nicht nur als Verkaufsmasche.
4. Bedienen Sie speziell Ihre Zielgruppe.
5. Achten Sie zu jeder Zeit auf die Keywords, um später ein gutes Ranking in den Suchmaschinen zu erreichen.

„Während längere Details über Sie und Ihre Firmenge-schichte zweifellos für alle Beteiligten interessant sind, dürfte es den Durchschnittsleser nicht die Bohne interessieren."

Bedenken Sie stets, dass die meisten Leser keine Ambitionen haben, etwas über Ihre Firmenhistorie zu erfahren oder über sich selbst preiszugeben. Sie wollen nur wissen, welche Vorteile Ihr Produkt für sie hat und wie sie ihr Problem lösen können.

Das ist es, worauf Sie sich in Ihrem Verkaufstext konzentrieren müssen. Alles andere ist Geschwafel.

Natürlich können Sie mit einer tollen Firmenhistorie oder einer starken „Über mich"- Seite Ihr Branding und Ihre Reputation verbessern. Das sollten Sie auch tun, aber nicht im Verkaufstext. Im Verkaufstext verkaufen Sie. Punkt.

Erinnern Sie sich, dass alle Seiten Ihrer Webseite wichtig sind, aber die Startseite jedoch die ist, auf der Ihre Besucher den ersten Eindruck von Ihnen bekommen. Auf diese sollten Sie besonderes Augenmerk legen.

Wie heißt es doch so treffend: „Der erste Eindruck zählt".

Schreiben Sie Ihre Seite zuallererst für Ihre Besucher und nicht für sich selbst.

Wenn Ihnen die Suchmaschinen-Rankings wichtig sind, gestalten Sie jede Seite so, dass sie sich auf die dazugehörenden Keywords und Keyword-Phrasen fokussiert.

„Dies sollten Phrasen sein, die jeder potentielle Besucher, der nach Ihrem Produkt oder Ihrer Dienstleistung sucht, in seine Suchmaschine eingibt."

Wenn Sie etwas tun wollen, damit Ihre Besucherzahlen immer größer werden, dann müssen Sie mehr und mehr Inhalte auf Ihrer Webseite veröffentlichen.

Machen Sie das zu einer Ihrer ständigen Angewohnheiten!

Wenn Sie all diese Dinge anwenden, wird Folgendes passieren:

1. Beide, neue Besucher und Stammleser wissen, dass es etwas Neues auf Ihrer Seite geben wird, auf das sie sich freuen können. Sie spüren irgendwie, dass es wichtig ist, Ihre Seite erneut zu besuchen. Dies hilft sogar dabei, den Wert, den die Suchmaschinen Ihrer Seite beimessen, zu erhöhen.

2. Jede von Ihnen neu eingefügte Seite wird von Google und den anderen Suchmaschinen indexiert und dadurch in deren Suchtreffern angezeigt. Wenn Sie sich etwas Zeit dafür nehmen, für jede neue Seite relevante Keywords zu recherchieren, optimieren Sie deren „Sichtbarkeit" für Bots und Spider, was Ihnen nachfolgend eine bessere Indexierung und somit einen höheren Traffic einbringt.

3. Wenn Sie zwei bis dreimal die Woche neue Inhalte veröffentlichen, werden das die Suchmaschinen bemerken. Das wird dazu führen, dass Ihre Seite permanent neu bewertet wird und so noch besser rankt.

Neue Inhalte auf einer Seite zu veröffentlichen, fügt dieser nicht nur einen steigenden Wert hinzu, sondern weiteren Traffic, welcher über die Suchmaschinen kommt.

Solange Sie sich die Zeit dafür nehmen, Ihre besten Verkaufstexte im Internet zu schreiben und zu veröffentlichen, werden Sie damit auch erfolgreich sein und Ihre Ziele erreichen.

Damit schließt dieses Handbuch ab. Ich hoffe, die Informationen werden Ihnen weiterhelfen.

Ich wünsche Ihnen das Beste bei der Verwirklichung all Ihrer Ziele. Für Ihren Erfolg im Internet!

113 HEADLINE-Vorlagen

„Sie, ein _____? Ja, ich zeige Ihnen wie!"

1. „Sie, ein E-Book Autor? Ja, ich zeige Ihnen wie!"

2. „Sie, ein Börsenmakler? Ja, ich zeige Ihnen wie!"

3. „Sie, ein Karrieremensch? Ja, ich zeige Ihnen wie!"

4. „Sie, ein Fitnessfreak? Ja, ich zeige Ihnen wie!"

„Was würden Sie lieber tun: _____ oder

_____?"

5. „Was würden Sie lieber tun: Webseiten designen oder wirkliches Geld verdienen?"

6. „Was würden Sie lieber tun: Essen so viel Sie wollen oder den ganzen Tag hungern?"

7. „Was würden Sie lieber tun: die Zukunft Ihrer Kinder

sichern oder abgezockt werden?"

„Der _____ Weg zum/um _____!"

8. „Der schnelle, unkomplizierte und sorgenfreie Weg zum Reichtum!"

9. „Der günstigste, effektivste und schnellste Weg zur Schönheits-OP!"

10. „Der schnellste und sicherste Weg, um schwanger zu werden!"

11. „Der unkomplizierte und sorgenfreie Weg, um Geld zu verdienen!"

12. „Der effektivste und schnellste Weg, um abzunehmen ohne zu hungern!"

„_____ Wege um _____

13. „24 Wege um 50% mehr Verkäufe zu erzielen"

14. „10 Wege wie Sie schlank werden ohne zu hungern"

15. „10 Wege wie Sie endlich Ihren Traumpartner finden"

16. „10 Wege wie Sie Ihre Beziehung vor dem sicheren Ende retten"

„Die Menschen, die dieses Buch/diese Webseite/diesen Brief lesen, werden sich mit Ihrem _____ davonmachen"

17. „Die Menschen, die diesen Brief lesen, werden sich mit Ihrem Geld davonmachen"

18. „Die Männer, die dieses Buch lesen, werden sich mit Ihrer Frau aus dem Staub machen"

„Verwandeln Sie Ihr _____ in ein/eine

_____ "

19. „Verwandeln Sie Ihr Lächeln in ein Karrieresprung-

brett"

20. „Verwandeln Sie Ihr Emailpostfach in eine Geldma-

schine"

21. „Verwandeln Sie Ihren Körper in einen Frauen-

Magneten"

22. „Verwandeln Sie Ihr Haus in eine Prachtvilla"

23. „Verwandeln Sie Ihr Heim in ein Liebesparadies"

„Die Kunst / die Macht des _____ und wie auch

Sie _____ "

24. „Die Kunst des Flirtens und wie auch Sie jede Frau

rumkriegen"

25. „Die Macht der Gedanken und wie auch Sie alles erreichen können"

26. „Die Macht des Geldes und was Sie alles damit erreichen können"

27. „Die Kunst der Schlagfertigkeit und wie Sie in der Arbeit triumphieren können"

„_____ entdeckt wie man mit der Hilfe von

_____ "

28. „Stuttgarter Rentner entdeckt wie man mit der Hilfe der Regierung Geld verdienen kann"

29. „Mediziner entdeckt, wie man mit der Hilfe von tropischen Kräutern den Alterungsprozess verlangsamen kann"

„Was Ihnen der/die _____ nicht sagt, kann Ihnen

_____ einsparen / kosten!"

30. „Was Ihnen Ihre Versicherung nicht sagt, kann Ihnen 40% bei Ihrer Prämie einsparen!"

31. „Was Ihnen Ihr Vermieter nicht sagt, kann Ihnen 20% Mietkosten einsparen!"

32. „Was Ihnen Ihr Arzt nicht sagt, kann Ihnen unnötige Schmerzen kosten!"

„_____ in 7 Tagen oder Geld zurück"

33. „Mehr Selbstbewusstsein in 7 Tagen oder Geld zurück"

34. „10 Kilo weniger in 7 Tagen oder Geld zurück"

35 „20% Geldersparnis in 7 Tagen oder Geld zurück"

36. „20% mehr Flirterfolge in 7 Tagen oder Geld zu-rück"

37. „40% weniger Haarausfall in 7 Tagen oder Geld zu-rück"

„Bringen Sie sich selbst _____ in _____

bei"

38. „Bringen Sie sich selbst das Programmieren von Webseiten in nur 3 Tagen bei"

39. „Bringen Sie sich selbst die Kunst des Überzeugens in nur 5 Stunden bei"

40. „Bringen Sie sich selbst ein starkes Selbstbewusst-sein in nur 7 Tagen bei"

41. „Bringen Sie sich selbst das Texten in nur 5 Tagen bei"

„Der schnellste Weg, den ich kenne, um _____ "

42. „Der schnellste Weg, den ich kenne, um die perfekte Ehefrau zu finden"

43. „Der schnellste Weg, den ich kenne, um Multi-Millionär zu werden"

44. „Der schnellste Weg, den ich kenne, um eine Top Figur zu bekommen"

45. „Der schnellste Weg, den ich kenne, um Karriere zu machen"

46. „Der schnellste Weg, den ich kenne, um mein Geld sorgenfrei zu investieren"

„Wir suchen _____ , die _____"

47. „Wir suchen Leute, die viel Geld im Internet verdienen wollen"

48. „Wir suchen Mütter, die eine neue Karriere starten wollen"

49. „Wir suchen Leute, die schnell ihre Traumfigur erreichen wollen"

50. „Wir suchen Familien, die günstig verreisen wollen"

„Die _____-ste, die Sie jemals _____ oder Geld zurück"

51. „Die leichteste Brille, die Sie jemals tragen werden oder Geld zurück"

52. „Die einfachste Art abzunehmen, die Sie jemals probieren werden oder Geld zurück"

53. „Die schnellste Methode Geld zu verdienen, die Sie jemals probieren werden oder Geld zurück"

„Die Geheimnisse / Das Geheimnis _____"

54. „Das Geheimnis immerwährender Schönheit"

55. „Die Geheimisse der reichsten Menschen der Welt"

56. „Das Geheimnis, wie Sie zum Erfolg kommen"

57. „Das Geheimnis eines perfekten Urlaubes"

58. „Das Geheimnis einer korrekten Kindererziehung"

„Sie lachten als ich _____ - aber als ich

_____"

59. „Sie lachten als ich meine erste Webseite veröffent-

lichte, aber als ich Ihnen meine Einnahmen zeigte ..."

60. „Sie lachten als ich mich ans Klavier setzte, aber als

ich zu spielen begann..."

61. „Sie lachten als ich noch 25kg mehr wog, aber als ich

in kürzester Zeit abnahm..."

„Ist Ihnen das _____ wert?"

62. „Ist Ihnen das Leben eines Kindes 10€ wert?"

63. „Ist Ihnen ein Leben in Wohlstand 2 Stunden am

Tag wert?"

64. „Ist Ihnen Ihre Gesundheit 30 Minuten am Tag

wert?"

65. „Ist Ihnen eine intakte Partnerschaft 50€ im Jahr wert?"

66. „Ist Ihnen die Gesundheit Ihrer Kinder 20€ im Monat wert?"

„Was Ihnen _____ nicht mitteilen / nicht sagt -

Sie können _____"

67. „Was Ihnen Anwälte nicht mitteilen - Sie können eine eigene GmbH in nur 30 Minuten, in jeder Stadt, mit nur 200€ gründen"

68. „Was Ihnen Ihr Finanzbeamter nicht sagt - Sie können legal Ihre Steuern um 20% senken"

69. „Was Ihnen Psychologen nicht sagen - Sie können die Erziehung Ihres Kindes in die richtigen Bahnen lenken"

„Steigern Sie _____! _____ Geheimnisse

können auch Ihnen helfen."

70. „Steigern Sie Ihre Gedächtnisleistung! Kasparows Geheimnisse können auch Ihnen helfen"

71. „Steigern Sie Ihre Potenz! Die Geheimnisse der alten Chinesen können auch Ihnen helfen"

„Wie man / Sie _____, die _____"

72. „Wie Sie Gedichte schreiben, die Ihrer Liebsten Tränen der Rührung in die Augen treiben"

73. „Wie Sie Rosen züchten, die Ihre Nachbarn vor Neid erblassen lassen"

74. „Wie Sie Investitionen tätigen, die Ihnen ein sorgenfreies Leben bescheren"

75. „Wie Sie Ihre Wohnung verschönern ohne viel Geld

zu investieren"

„Wie Sie _____ in nur _____"

76. „Wie Sie Ihr erstes E-Book in nur 5 Tagen schreiben und veröffentlichen können"

77. „Wie Sie mit nur 10 Minuten Training pro Tag in nur 1 Woche 10 kg abnehmen"

78. „Wie Sie in wenigen Tagen zu mehr Geld kommen"

79. „Wie Sie sich in wenigen Wochen selbständig machen können"

„Wenn Ihr _____ nicht, dann _____"

80. „Wenn Ihr Auto hinterher nicht wie neu aussieht, dann wollen wir Ihr Geld nicht"

81. „Wenn Sie mit dieser Methode kein Geld verdienen,

dann zahlen Sie keinen Cent dafür"

82. „Wenn Sie in 3 Wochen nicht Ihre Traumfigur errei-

chen, dann geben wir Ihnen Ihr Geld zurück"

„Wie man _____ in nur _____ in

_____ verwandelt"

83. „Wie man 100€ in nur 5 Monaten in 55 000€ verwan-

delt"

84. „Wie man 15 kg Übergewicht in nur 3 Monaten in

pure Muskeln verwandelt"

85. „Wie man eine Reise in nur wenigen Minuten in

eine Traumreise verwandelt"

86. „Wie man putzfaule Männer in nur wenigen Tagen

in Hausmänner verwandelt"

„Wie Sie mehr _____ und weniger _____"

87. „Wie Sie mehr Energie haben und weniger schla-

fen"

88. „Wie Sie mehr Geld verdienen und weniger arbei-

ten"

89. „Wie Sie weniger trainieren und trotzdem mehr

Muskeln aufbauen"

„Die _____-ste _____ , die Sie jemals

_____ oder Ihr Geld zurück"

90. „Die angenehmsten Schuhe, die Sie jemals getragen

haben oder Ihr Geld zurück"

91. „Die schnellste Internetverbindung, die Sie jemals

genutzt haben oder Ihr Geld zurück"

„Zu beschäftigt mit _____ um _____?"

92. „Zu beschäftigt mit Diktieren, um zu delegieren?"

93. „Zu beschäftigt mit Arbeiten, um Geld zu verdienen?"

94. „Zu beschäftigt mit Karriere, um die Erziehung der Kinder selbst in die Hand zu nehmen?"

„_____ macht einzigartige Entdeckung, die

_____ verändert"

95. „Wissenschaftler macht einzigartige Entdeckung, die das Leben auf unserem Planeten für immer verändert"

96. „Mediziner macht einzigartige Entdeckung, die das Leben älterer Menschen verändert"

97. „Ernährungswissenschaftler macht einzigartige

Entdeckung, die das Leben vieler übergewichtiger Menschen verändert"

„Wie man GRATIS _____ im Wert von _____ erhält"

98. „Wie man GRATIS ein E-Book und Videos zum Abnehmen im Wert von 99€ erhält"

99. „Wie man GRATIS einen MP3-Player im Wert von 120€ erhält"

100. „Wie man GRATIS eine Reise im Wert von 500€ erhält"

„Machen Sie diese Fehler auch im/beim

_____?"

101. „Machen Sie diese Fehler auch beim Affiliate Marketing?"

102. „Machen Sie diese Fehler auch bei Vorstellungsgesprächen?"

103. „Machen Sie diese Fehler auch in Ihrer Partnerschaft?"

104. „Machen auch Sie diese teuren Fehler bei der Steuererklärung?"

„Das Geheimnis um _____ ist einfach

_____!"

105. „Das Geheimnis um sein Unterbewusstsein zu aktivieren ist einfach die richtigen Wörter zu verwenden!"

106. „Das Geheimnis um Geld im Internet zu verdienen ist einfach die erfolgserprobten Tricks der Profis zu kennen"

„Was jeder _____ über _____ wissen

sollte"

107. „Was jeder über Reichtum wissen sollte"

108. „Was jeder Unternehmer über den Umgang mit dem Finanzamt wissen sollte"

109. „Was jeder Sportler über richtige Ernährung wissen sollte"

110. „Was jeder Mann über richtiges Flirten wissen sollte"

111. „Was jeder Angestellte über die richtige Pensionsvorsorge wissen sollte"

„Wer will _____?"

112. „Wer will Geld im Schlaf verdienen?"

113. „Wer will die Frau / den Mann seiner Träume kennenlernen?"

17 aktivierende & verkaufsfördernde

Handlungsanweisungen

Die nächste kleine aber feine Liste gibt Ihnen eine Übersicht über aktivierende und handlungsfördernde Phrasen, um den Leser möglichst schnell zu einer Aktion zu motivieren. Diese Textschnippsel können in beliebige Bereiche von Texten, Newslettern, Verkaufsseiten und Landingpages eingebaut werden...

- Antworten Sie innerhalb von 3 Tagen...

- Das Angebot gilt nur bis...

- Das kann alles Ihr´s sein!

- Für die ersten 25 Kunden gibt es... gratis dazu!

- Geben Sie uns heute noch Ihr "Ja"!

- Geld zurück... wenn nicht zufrieden!

- Ihr Geld ist hier gut investiert, denn...

- Jetzt sofort zugreifen...

- Keine Kosten! Keine Verpflichtungen! Keine Dauerbindung!

- Lesen Sie/ Fahren Sie/ Spielen Sie 7 Tage KOSTENLOS xyz!

- Nur für die ersten 50 Besteller!

- Nur solange Vorrat reicht!

- Schnell! Limitierte Auflage!

- Schwärmende Beurteilungen über...

- Sehen Sie selbst: KOSTENLOS!

- Tun Sie es jetzt, noch während Sie darüber nachdenken!

- Wir bieten Ihnen Produkte für nur...

Sie können jemandem beim Lesen oder Zuhören zum innehalten bewegen... oder sogar dazu bringen, gegen sein Vorhaben weiterzulesen... indem Sie ganz einfach "STOP!" sagen oder schreiben. Dies funktioniert deswegen so gut, weil viele Menschen die STOP-Schilder aus dem Straßenverkehr, von Computerspielen oder aus anderen Situationen kennen.

9 mächtige STOP-Kommandos & Leseunterbrecher

Sie sind einfach darauf konditioniert Innezuhalten, zu stoppen und die bewusste Aufmerksamkeit wieder einzuschalten. Außerdem können Sie anschließend ein hypnotisches Kommando einbauen, welches sich direkt im Unterbewusstsein Ihrer Leser verankert. Hier einige Beispiele...

- STOP! Stellen Sie sich vor, wie sich Ihr Leben verändern wird, wenn Sie diese Checkliste benutzen, um Ihre Ziele zu erreichen...

- HALT! Fragen Sie sich selbst, wo Sie in einer Woche sein werden, wenn Sie dieses Material nicht lesen...

- MOMENT! Malen Sie sich aus, Sie wären an einem fantastischen Strand... und genießen Ihre finanzielle und geografische Freiheit in vollen Zügen...

- STOP! Stellen Sie sich diese Schlüsselfrage...

- HALT! Denken Sie immer daran, dass...

- AUGENBLICK! Hören Sie auf Ihr Gefühl. Sie wollen mehr Erfolg im Internet erreichen... und dazu brauchen Sie „GameChanger Flatrate Angebot" dann handeln Sie...

- STOP! Machen Sie sich klar, dass Sie noch nie in Ihrem Leben so ein Angebot gesehen haben und es Zeit wird...

- HALT! Denken Sie an all die Möglichkeiten dieses Stop-Kommando... wie Sie es einzusetzen, um das zu bekommen, was Sie wirklich wollen...

- MOMENT! Halten Sie kurz Inne, stoppen Sie Ihre Gedanken und denken Sie einen Augenblick lang über folgen

31 ergreifende PS-Zeilen & Call-to-Action´s

Nun ist es an der Zeit, dem Kunden zu sagen, was er tun muss, damit er das Angebot wahrnehmen kann. So gut Ihr Job (Ihr Text) auf Ihrer Verkaufsseite bis hier hin auch war, wichtig ist, dass Sie ein sogenanntes "Call to Action" am Ende einbauen... und auch mehrfach wiederholen.

Dies ist nichts anderes als eine Handlungsaufforderung an den Kunden. Erinnern Sie ihn noch einmal an die wichtigsten Punkte und fordern Sie ihn anschließend dazu auf zu Handeln! Geben Sie ihm letzte Gedankenstützen und Impulse und leiten Sie die Gedanken des Lesers mit den folgenden ergreifenden Textschnippseln in die gewünschte Richtung...

- STOP! Stellen Sie sich vor, wie sich Ihr Leben verändern wird, wenn Sie diese Checkliste benutzen, um Ihre Ziele zu erreichen...

- Als besondere Überraschung erhalten Sie die folgenden (Zahl) Extras zusätzlich, wenn Sie bis zum (Monat/Datum) bestellen!

- Bedenken Sie, dieses Produkt kann direkt von der Steuer abgesetzt werden.

- Bevor Sie Ihre Entscheidung treffen, stellen Sie sich folgende entscheidende Frage:

- Denken Sie daran, dass all die Extras schon mehr wert sind, als der Preis den Sie zahlen.

- Denken Sie daran, dass Sie den Preis auch in (Zahl) kleine Raten aufteilen können.

- Denken Sie daran, diese/r/s (Produkt) enthält Boni im Wert von (Zahl) Euro!

- Denken Sie daran, wenn Sie heute bestellen, haben Sie die Chance an unserem Partnerprogramm teilzunehmen. Nur (Zahl) Verkäufe werden Ihren Kaufpreis aufwiegen.

- Denken Sie daran: das Risiko liegt allein bei mir! Sie haben dafür eine Garantie!

- Für jeden Nutzen, den unser Produkt Ihnen bietet, zahlen Sie nur (Preis).

- Für weniger als (Preis) kann unser (Produkt) Ihnen gehören.

- Für weniger als die normalen Kosten eines/r (Produkt) können Sie unser/e/n (Name des Produkts) Ihr Eigen nennen.

- Heute können Sie den/die/das (Name des Produkts) im Gesamtwert von nur (Preis) für nur (Preis) bekommen.

- Ich kann nicht garantieren, dass die (Zahl) Extras morgen noch Online sein wird.

- Immer noch nicht überzeugt? Lesen Sie diese Kundenstimmen und Bewertungen:

- Immer noch nicht zum Kauf bereit? Werfen Sie einen Blick auf unsere Kundenliste:

- Lassen Sie nicht zu, dass Aufschub, Zögern oder Angst Sie davon abhält... (Ihr Leben zu verbessern, Ihre Verkaufszahlen zu steigern, besser auszusehen, etc.)

- Nach dem heutigen Tag wird der Preis auf (Zahl) steigen. Die Zeit rennt...

- Nur einer dieser Nutzen wird den Kaufpreis um ein Vielfaches auszahlen.

- Nur für begrenzte Zeit: wenn Sie jetzt bestellen bieten wir Ihnen zusätzlich (Minuten, Stunden) kostenlosen Email Support.

- Nur im Monat... haben wir einen besonderes Gewinnspiel, bei dem Sie...

- Nur wenn Sie heute bestellen, gebe ich Ihnen (Zahl) Extras für Ihre Freunde, Familie und Geschäftspartner!

- Sie können entweder heute in Ihr Unternehmen investieren oder einen höheren Preis zahlen, wenn Sie sich später entscheiden.

- Sofort nach Ihrer Bestellung haben Sie Zugang zu (Name des Produkts).

- Wenn noch Sie noch Fragen haben, kontaktieren Sie mich oder lesen Sie unsere FAQ's...

- Wenn Sie in den nächsten (Minuten, Stunden, Tagen) bestellen, bekommen Sie einen kostenlosen Zugang zu...

- Wenn Sie jetzt bestellen, bekommen Sie all die oben aufgeführten Bestandteile, inklusive (kurze Zusammenfassung der wichtigsten davon).

- Wenn Sie noch heute diesen Vorteil nutzen, bekommen Sie einen (Zahl %) Rabatt.

- Wenn Sie noch nicht vollständig überzeugt sind...

- Wenn Sie noch vor (Datum/ Zeit) bestellen, gebe ich Ihnen außerdem (Zahl) Kopien für Ihre Familie und Bekannten.

- Wenn Sie sich in den nächsten (Stunden, Minuten, Tagen) entscheiden, bekommen Sie zwei Produkte zum Preis von einem.

- Wir behalten uns das Recht vor, dieses außergewöhnliche Angebot jederzeit zurückzunehmen.

39 Schlagwörter für Überschriften & Betreff-zeilen

Überschriften können Sie schnell und simpel generieren, indem Sie die folgende Liste nutzen und mit ein wenig Kreativität kombinieren. Wählen Sie einfach ein Wort aus, verbinden Sie es mit Ihrem Produkt oder Service und schließen Sie die Überschrift mit einer Behauptung ab. Sehen Sie selbst, wie leicht es ist, eine hypnotische Überschrift zu formulieren. Hier ein Beipsiel...

"Durchbruch in der Flirtforschung! Wie Sie garantiert kostenlos als langjähriger Single die Liebe Ihres Lebens finden!"

- Achtung...

- Aufregend...

- Bekanntgabe...

- Besonders...

- Das war´s...

- Der / die / das erste...

- Die Kraft...

- Die Macht...

- Download...

- Dringend...

- Du / Sie / Wir...

- Durchbruch...

- Einführung...

- Einzigartig...

- Endlich...

- Enthüllt...

- Erfolgreich...

- Erst-...

- Erstaunlich...

- Exklusiv...

- Fantastisch...

- Faszinierend...

- Garantiert...

- Gratis...

- Hervorragend...

- Kostenlos...

- Kraftvoll...

- Liebe...

- Neu...

- Nur solange der Vorrat reicht...

- Phänomenal...

- Schluss. Aus. Alle!

- Unglaublich...

- Verbessert...

- Vorsicht...

- Wie man...

- Wunderbar...

- Zeitgemäß...

59 eingebettete Suggestionen, um begeisterte Kaufabsichten auszulösen

Durch das Steuern der Gedanken des Lesers übernehmen Sie auch nach und nach die Fähigkeit, seinen Gefühlszustand und damit seine Emotionen zu formen. Und Emotionen sind exakt das, was Sie im Kopf der Leser und potenziellen Kunden auslösen wollen. Im Idealfall sehr positive und angenehme Emotionen! So angenehm, dass dieser die empfundenen Emotionen immer wieder erleben will.

Die Kunst dabei ist nun, bereits im Vorfeld die positiven Emotionen mit dem Produkt oder der Dienstleistung zu "verknüpfen", was in Marketingkreisen als "Branding" oder Imageaufbau bezeichnet wird. Den letztendlich machen Sie durch die Wahl des richtigen Wortes nichts anderes: Sie bauen ein Image, ein Bild, eine Welt im Kopf des Kunden auf. Und damit dieser letztendlich nicht nur kauft, sondern Ihre Produkte mit vollem Eifer seinen Freunden und Kollegen weiterempfiehlt, sollten Sie die folgenden hypnotischen

Sprachmuster samt der eingebetteten Suggestionen regelmäßig in Ihren Texten verwenden...

- Name), man muss / braucht / kann nicht...

- Auf einer gewissen Ebene denken (spüren) Sie vielleicht auch, dass...

- Betrachten wir JETZT...

- Denken Sie einmal daran, wie... sein wird, wenn Sie...

- Ein berühmter Forscher (Denker, Politiker, Autor)
sagte einmal: ...

- Es gibt Menschen, die...

- Es ist / wäre völlig in Ordnung, wenn Sie...

- Es ist bemerkenswert, wie...

- Es ist gut zu wissen, dass...

- Es ist immer besser / leichter / angenehmer... , als
wenn Sie...

- Es kann sein, dass Sie schon seit einiger Zeit ... möchten.

- Es ist vielleicht ganz einfach,... , ist es nicht so?

- Es verwundert mich nicht, dass Sie sofort / jetzt...

- Es wird die Zeit kommen...

- Freuen Sie sich jetzt schon über...

- Früher oder später...

- Gehen Sie in Ihrer Phantasie ruhig... durch.

- Glauben Sie auch, dass... ?

- Glücklicherweise ist es im Moment so,...

- Haben Sie nicht auch schon oft daran gedacht,
  dass... ?

- Ich denke, Sie werden mit ... zufrieden sein, weil...

- Ich frage mich (gerade), ob Sie... , oder vielleicht
  (doch) nicht?

- Ich frage mich, ob... ?

- Ich würde Ihnen niemals sagen, dass ... , denn...

- Irgendwann und irgendwo...

- Ja, man kann (Name), weil...

- Je mehr Sie... , desto...

- Können Sie... wahrnehmen, was... ?

- Können Sie sich vorstellen,... ?

- Können Sie sich vorstellen... ?

- Sie brauchen... , bevor Sie..., nicht wahr?

- Sie fragen sich vielleicht, warum... ?

- Sie haben vielleicht schon bemerkt,...

- Sie können... , weil...

- Sie können Sich nun erlauben, dass...

- Sie sind... , nicht wahr?

- Sie werden möglicherweise...

- Sie wissen vielleicht nicht genau, ob...

- Sie wundern sich vielleicht, wie einfach es ist,...

- Sind Sie der Meinung, dass... ?

- Sind Sie ebenfalls der Ansicht, dass... ?

- Verstehen Sie, was es bedeutet,...

- Versuchen Sie... zu widerstehen, während Sie...

- Vielleicht möchten Sie mehr über... erfahren?!

- Während Sie... wahrnehmen (sehen, hören, riechen, schmecken, spüren) können Sie...

- Wann denken Sie, werden Sie bereit sein,...

- Wären Sie erstaunt, wenn... ?

- Was ist Ihnen bei... besonders wichtig?

- Was könnte ich zu... beitragen?

- Was passiert, wenn Sie...

- Was würde Ihnen bei... gefallen?

- Wenn Sie erst einmal... , dann...

- Wie schön endlich die Sicherheit zu haben, dass...

- Wie Sie vielleicht wissen, verhält sich das so: ...

- Wie wäre es für Sie, schon heute / jetzt / morgen ... ?

- Wie wäre es für Sie,...

- Woran werden Sie (zuerst) bemerken, dass...

- Worauf haben Sie bei... schon immer Wert gelegt?

- Zufriedene Kunden berichten

Empfehlungen für mehr Erfolg mit Online Marketing:

Rene Rink, E-Mail Insider – Gratis Buch

http://bit.ly/newsletter-insider

Thomas Klußmann, Taschenbuch für Gründer – Gratis Buch http://bit.ly/gratis-gruender-buch

Oliver Schmuck, Future Sale, Idealer Einstieg ins Online Marketing für Anfänger http://bit.ly/oli-future-sale

SEO Master" von Jonas Weber http://bit.ly/jonas-seo

Meine Projekte

COACHY, die schnellste und einfachste Möglichkeit Digitale Produkte wie eBooks oder Videokurs im Internet zu verkaufen – 14 Tage kostenlos testen

http://bit.ly/coachy-testen

Printed in Great Britain
by Amazon